I0765100

This book belongs to

Color
Test Page

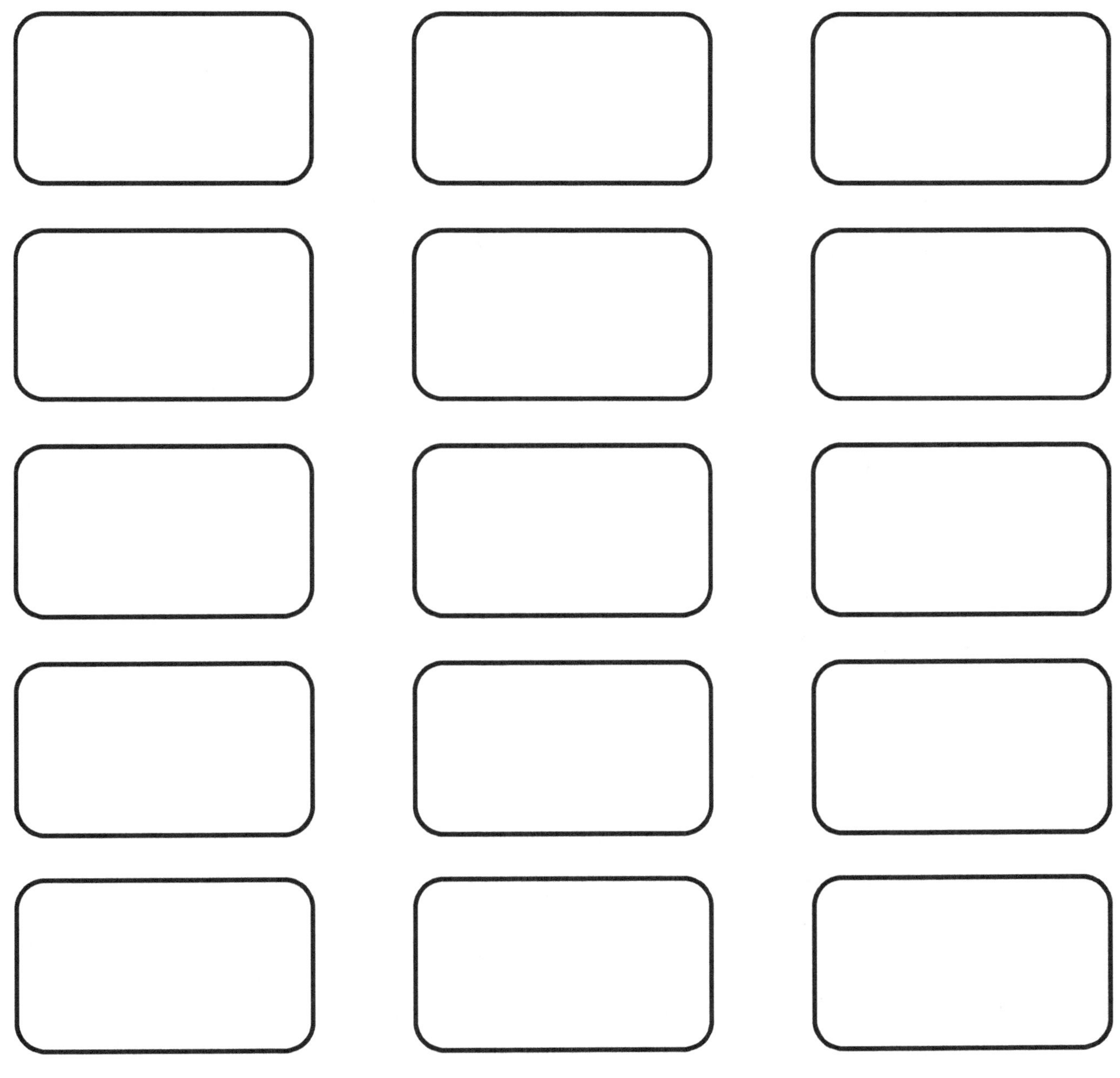

Color
Test Page

Color
Test Page

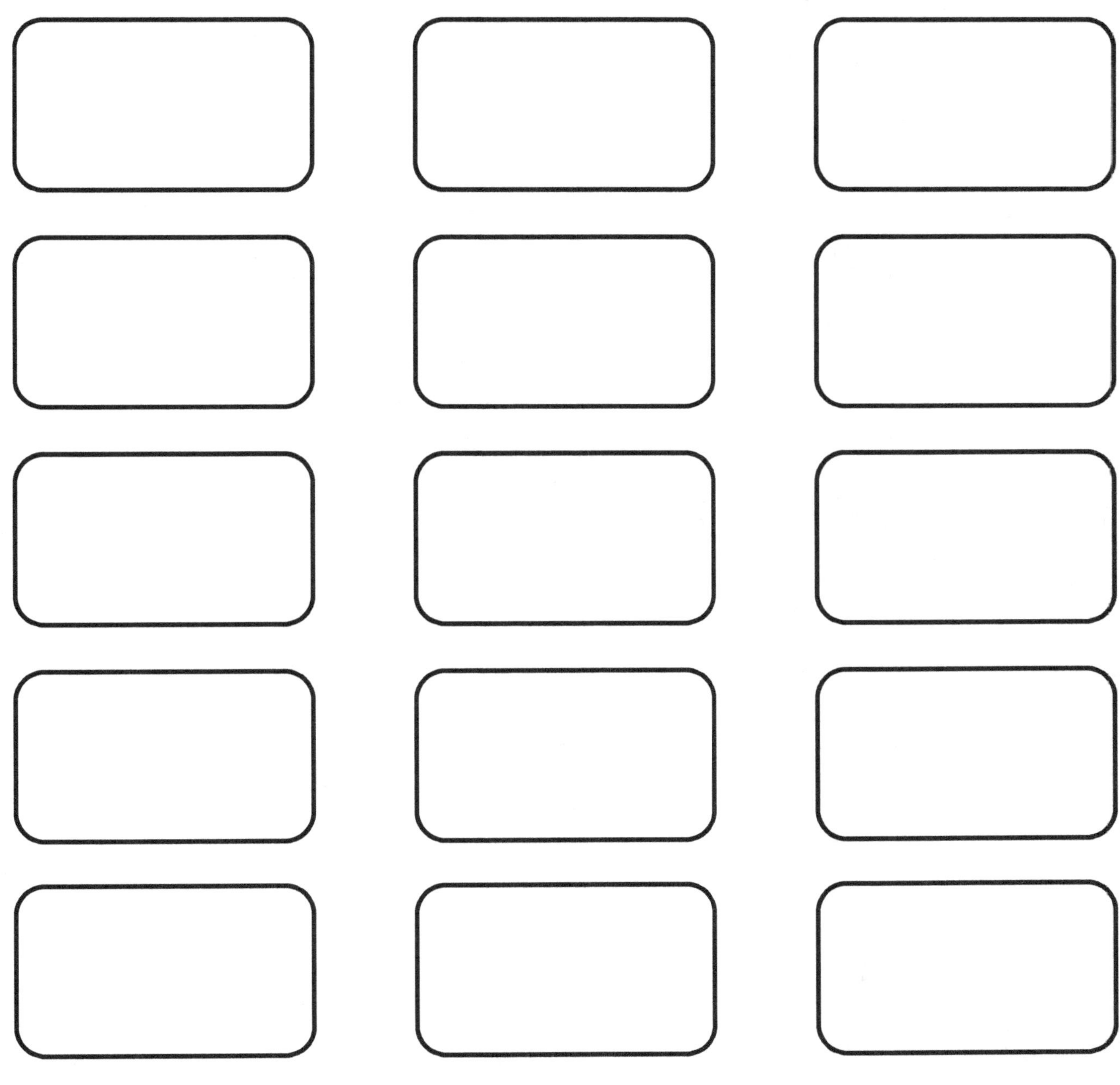

Color
Test Page

Color
Test Page

Color
Test Page

Color
Test Page

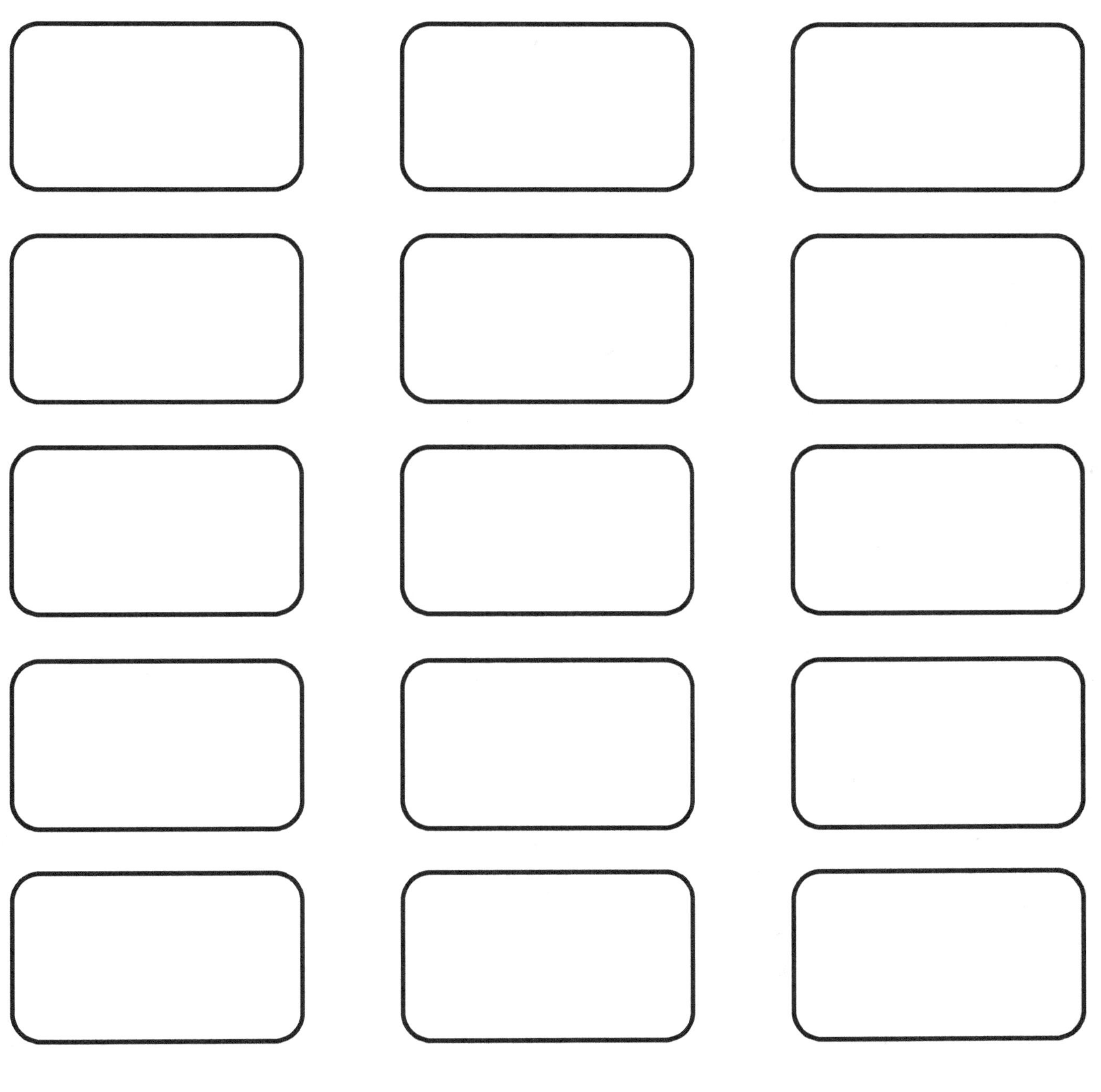

Color
Test Page

Color
Test Page

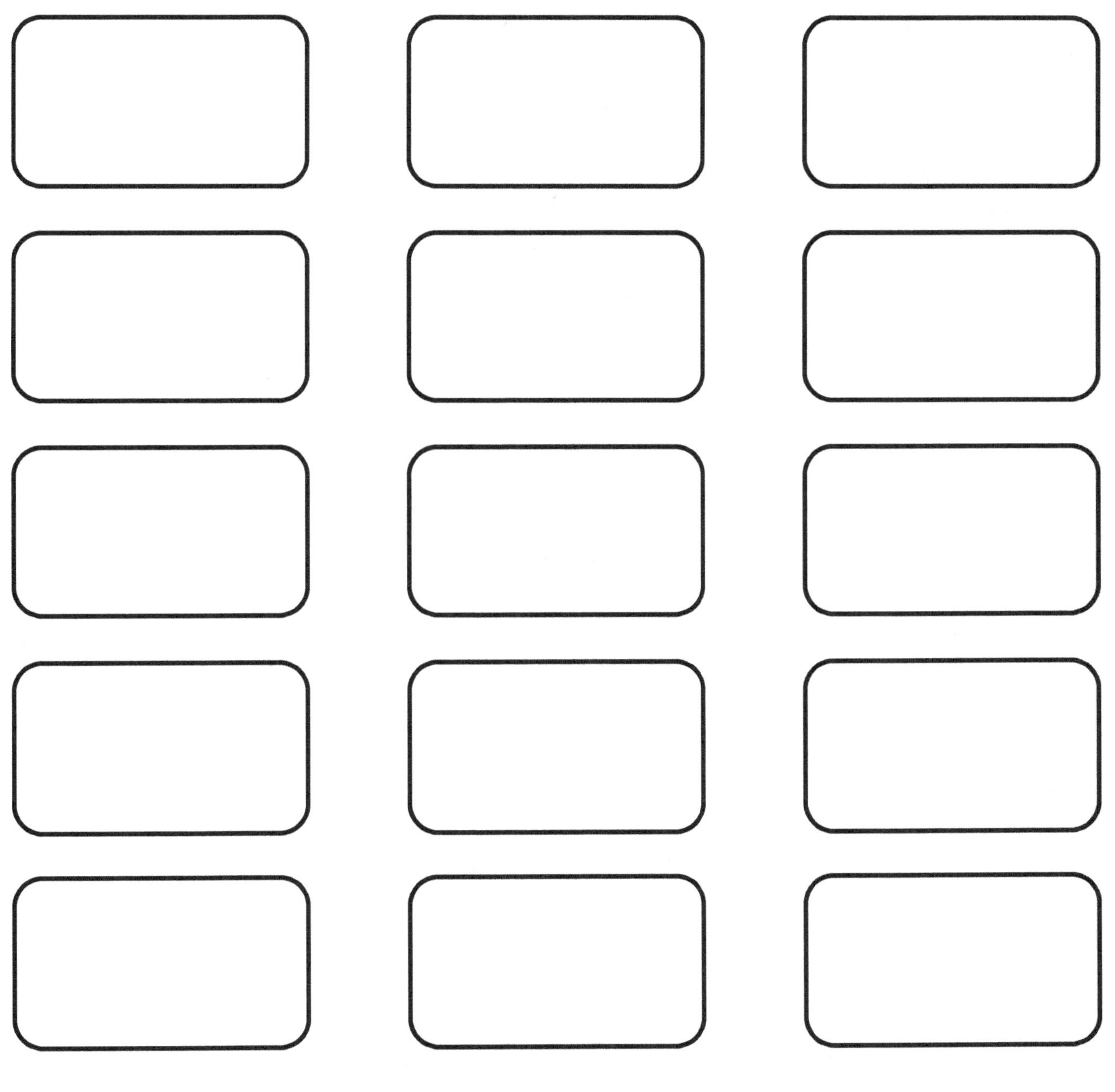

Color
Test Page

Color
Test Page

Color
Test Page

Color
Test Page

Color
Test Page

Color
Test Page

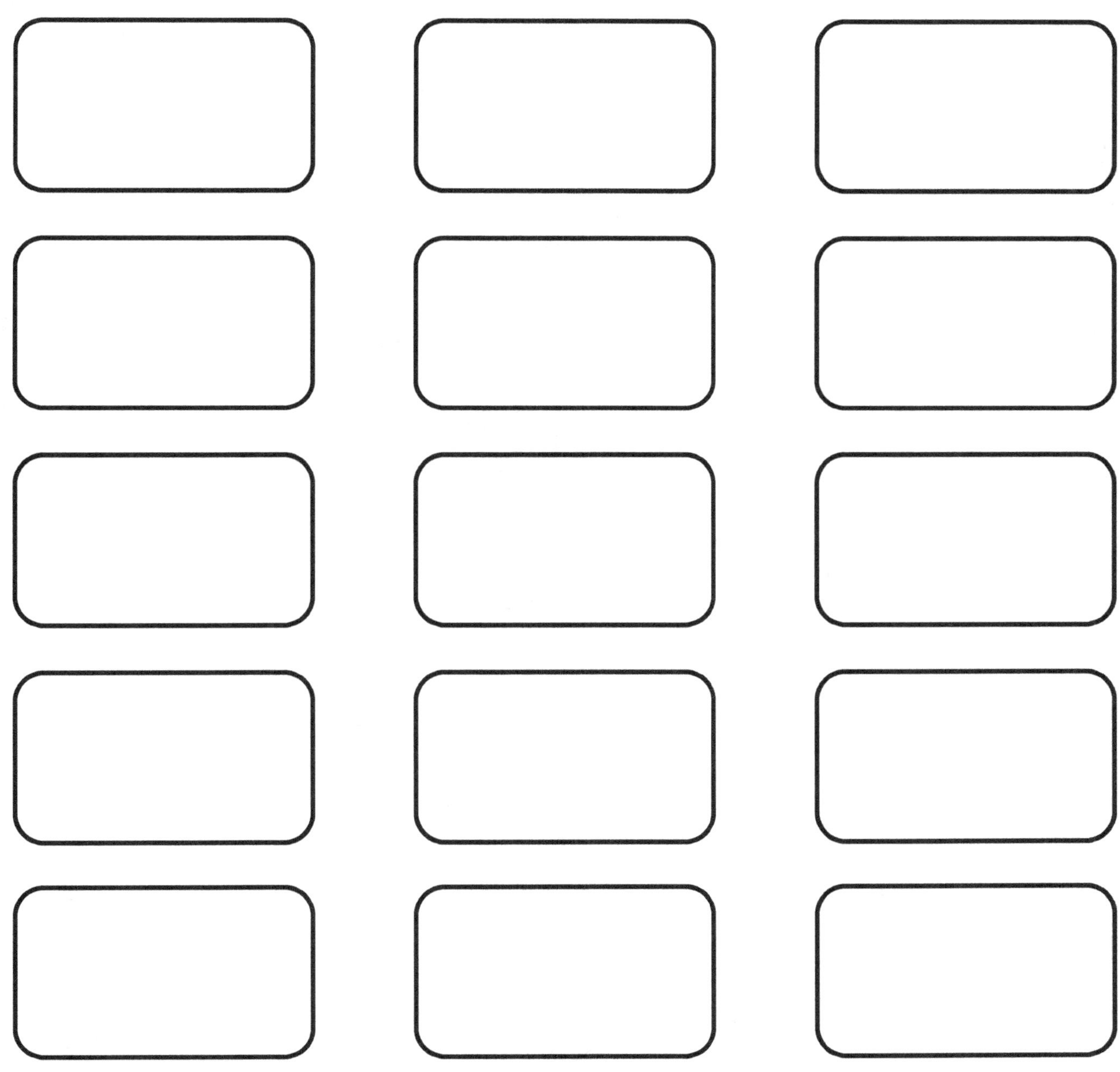

Color
Test Page

Color
Test Page

Color
Test Page

Color
Test Page

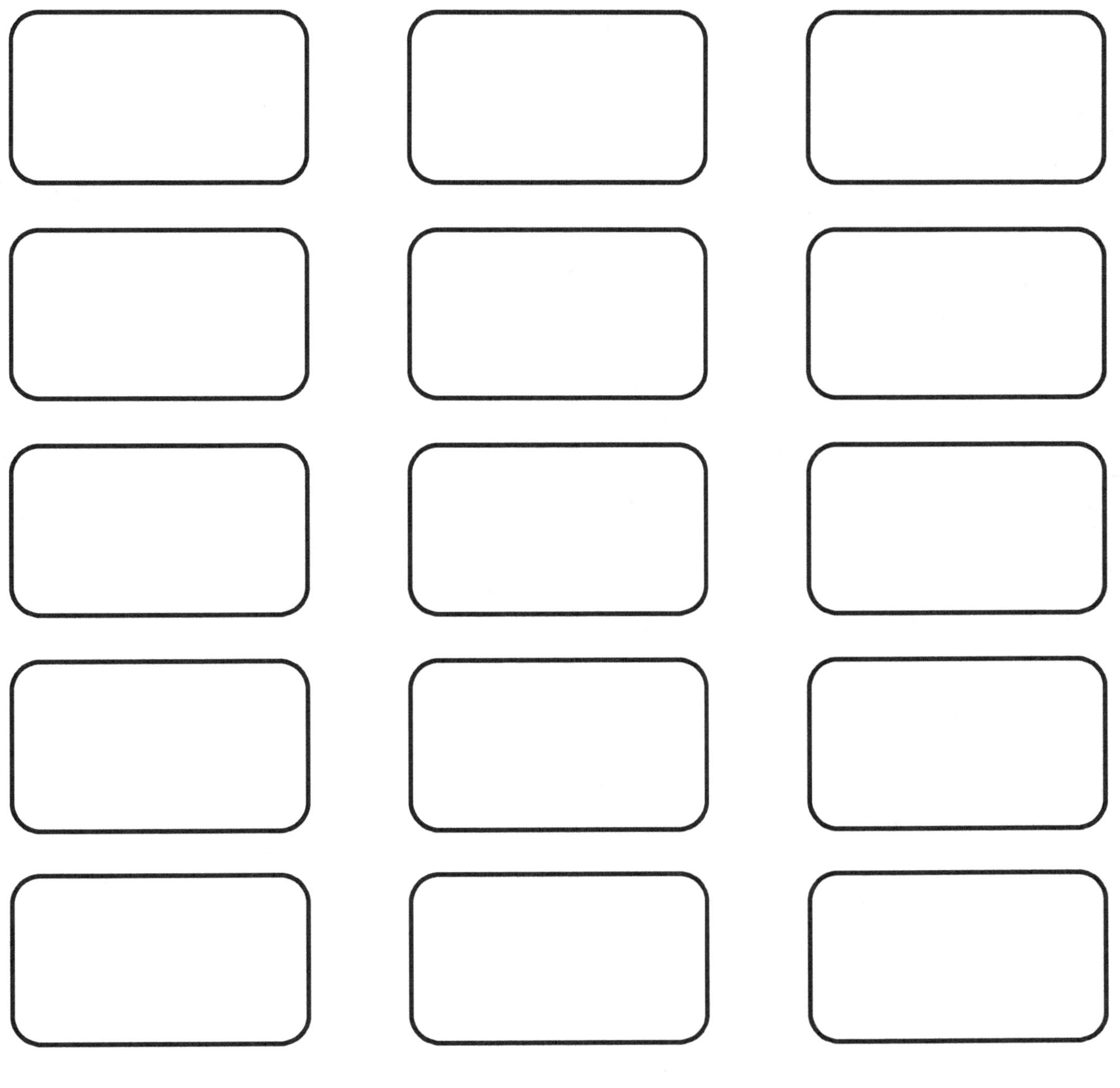

Color
Test Page

Color
Test Page

Color
Test Page

Color
Test Page

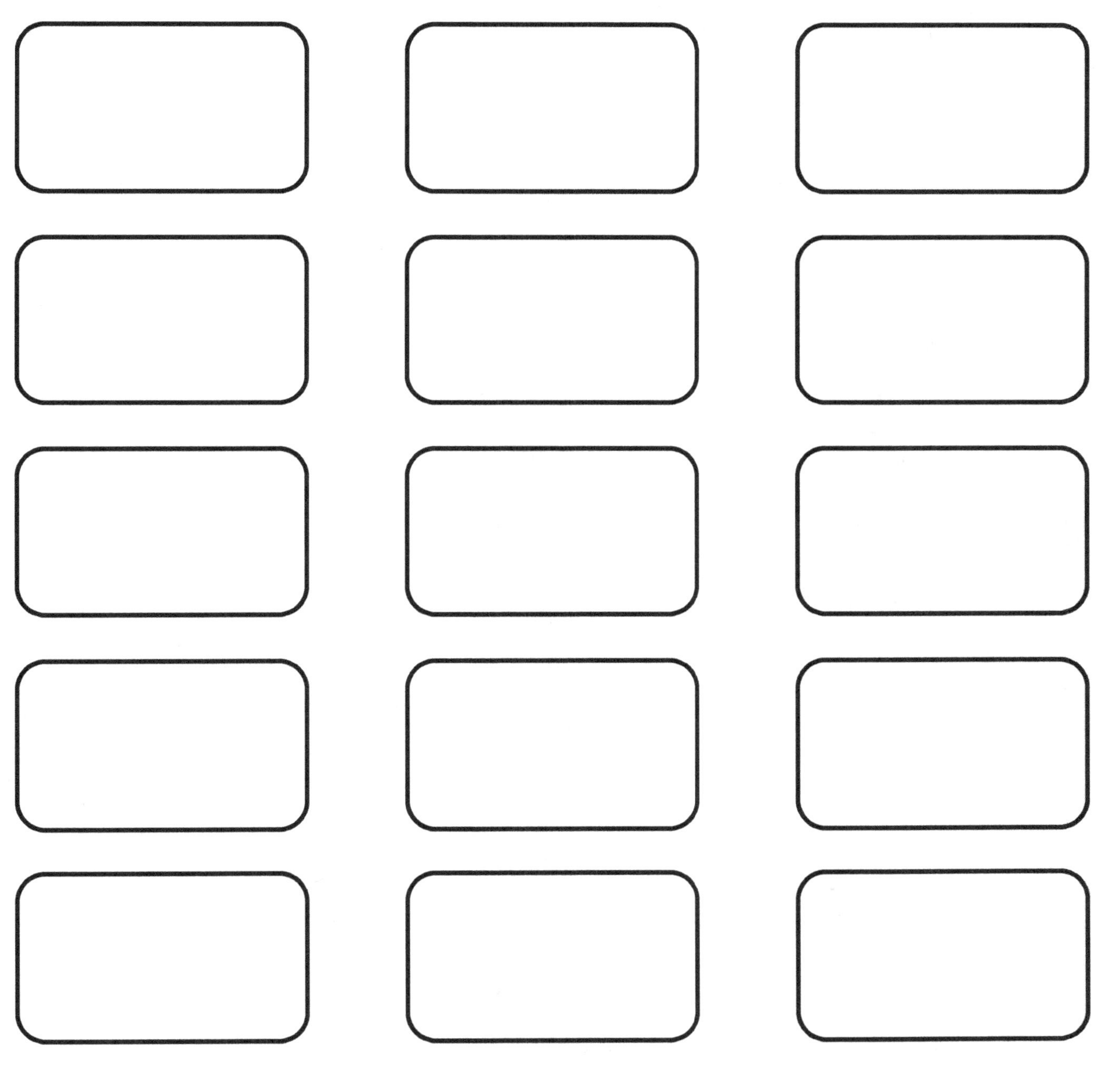

Color
Test Page

Color
Test Page

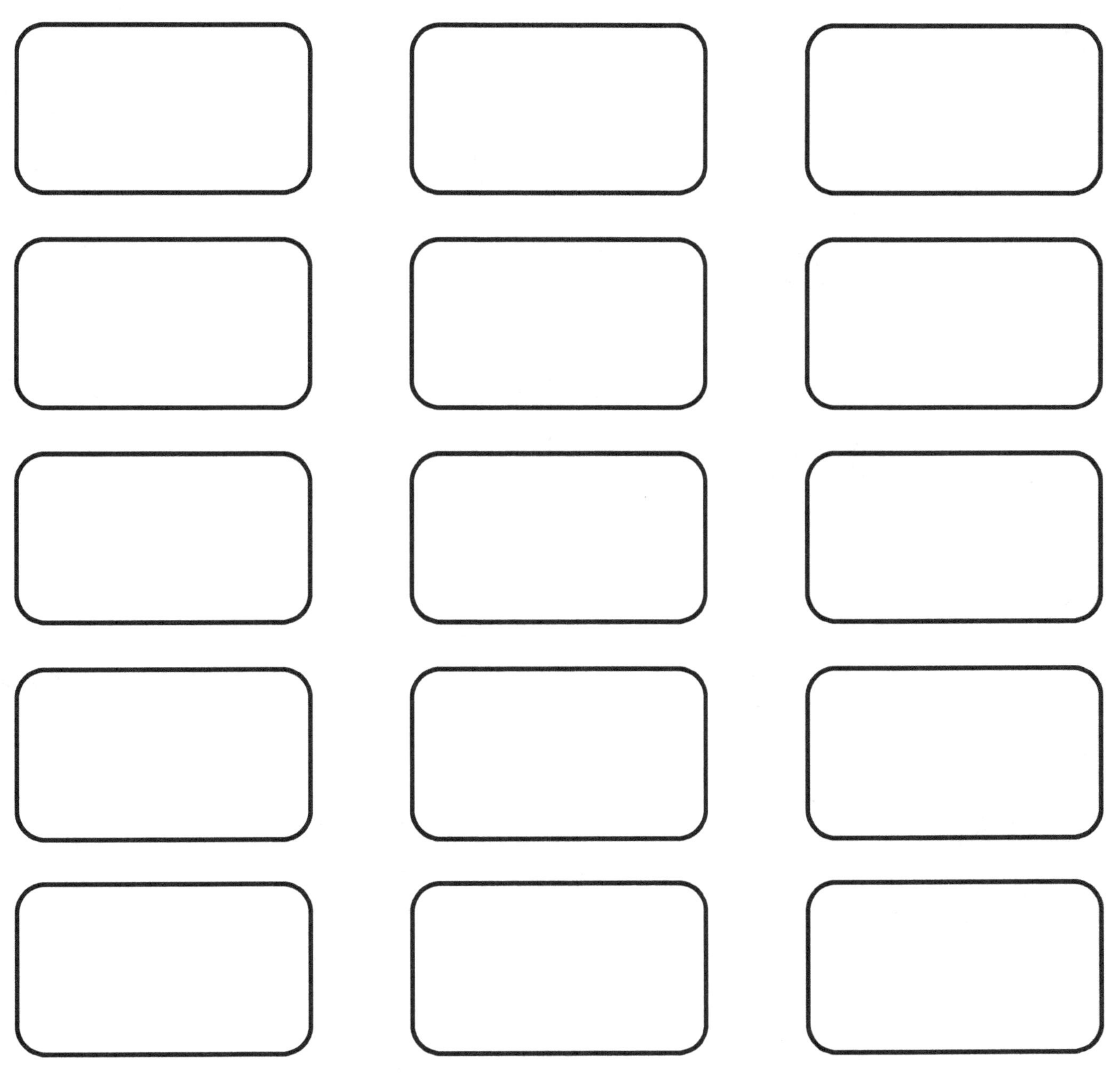

Color
Test Page

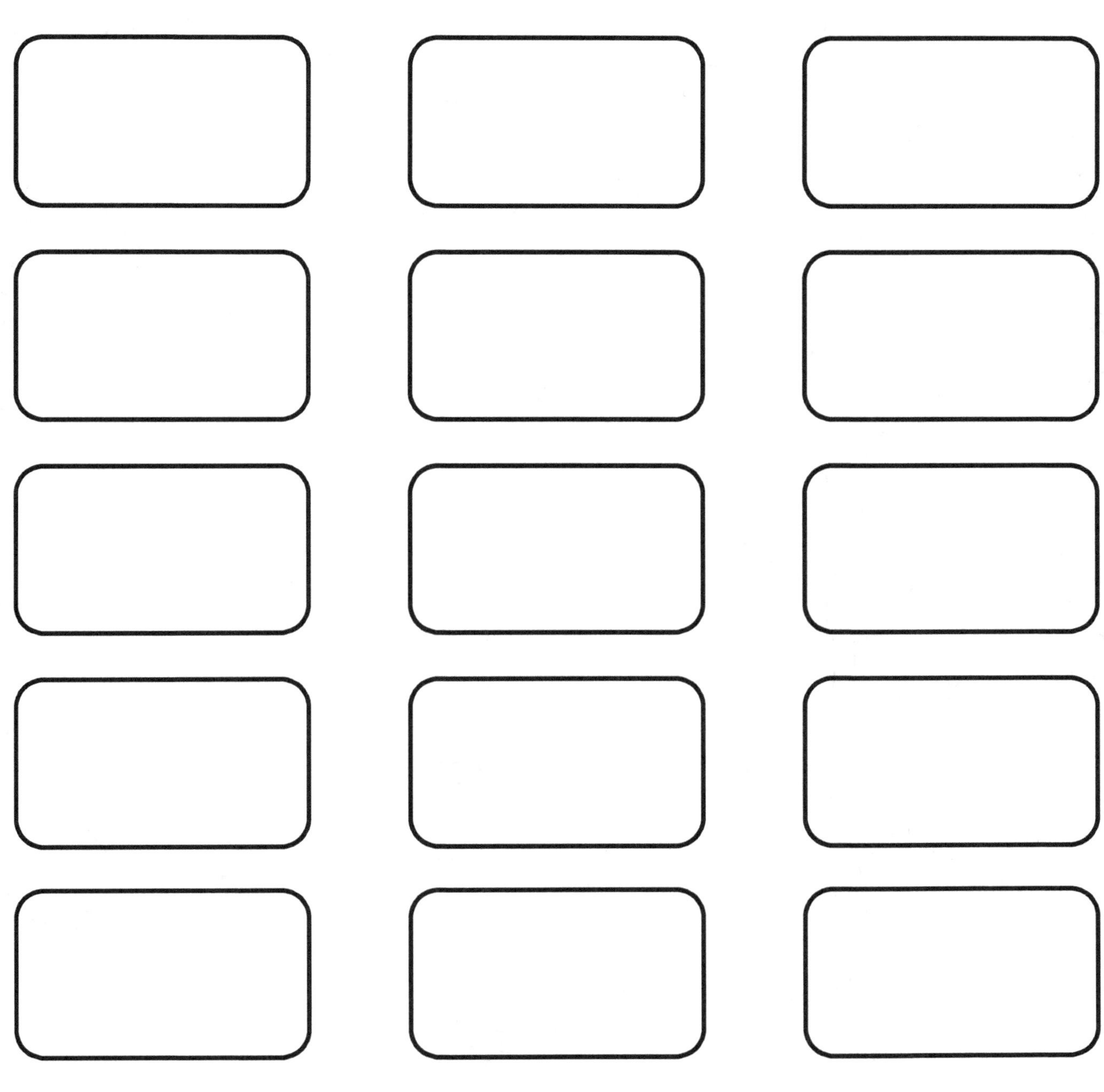

Color
Test Page

Color
Test Page

Color
Test Page

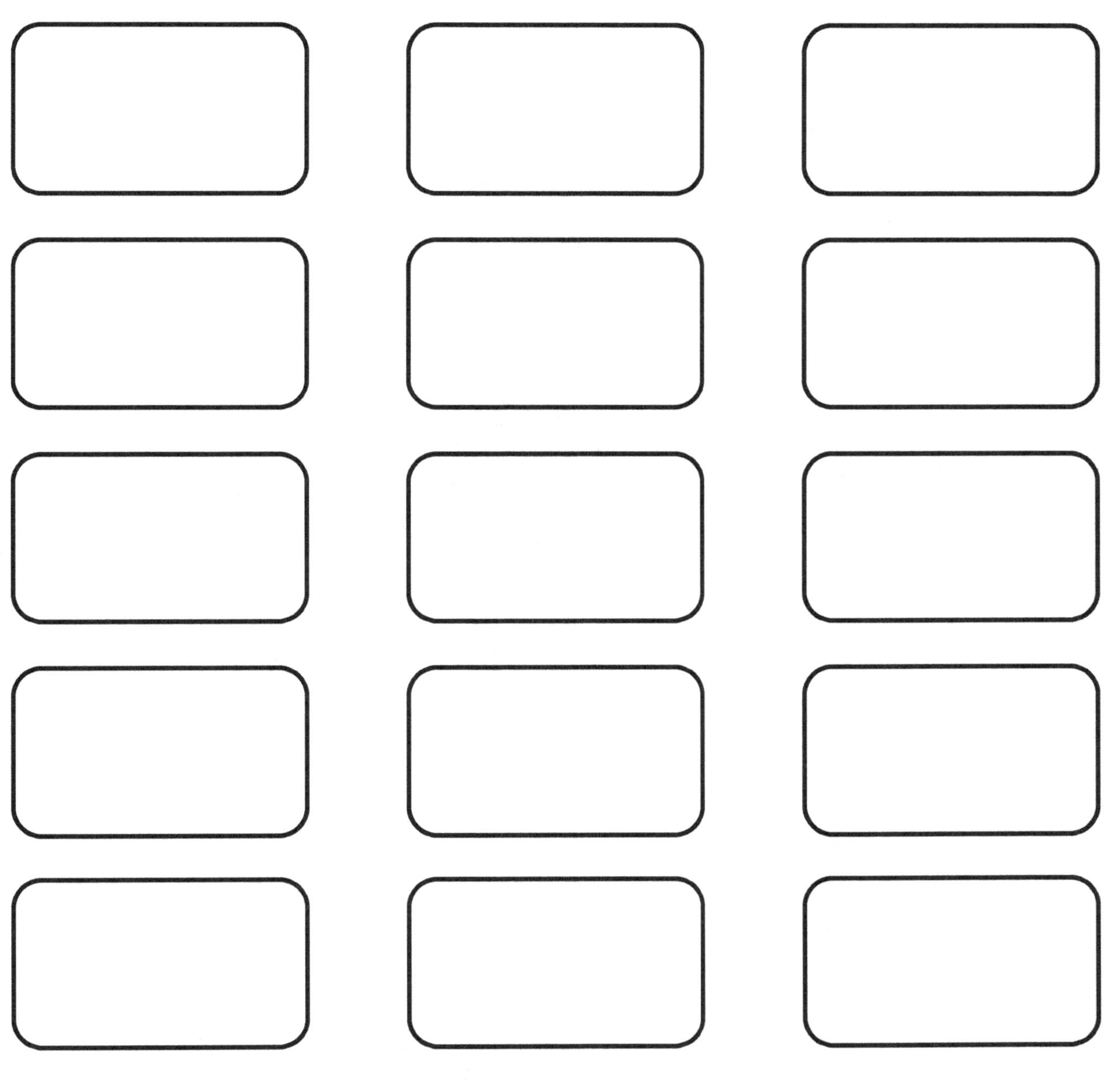

Color
Test Page

Color
Test Page

Color
Test Page

Color
Test Page

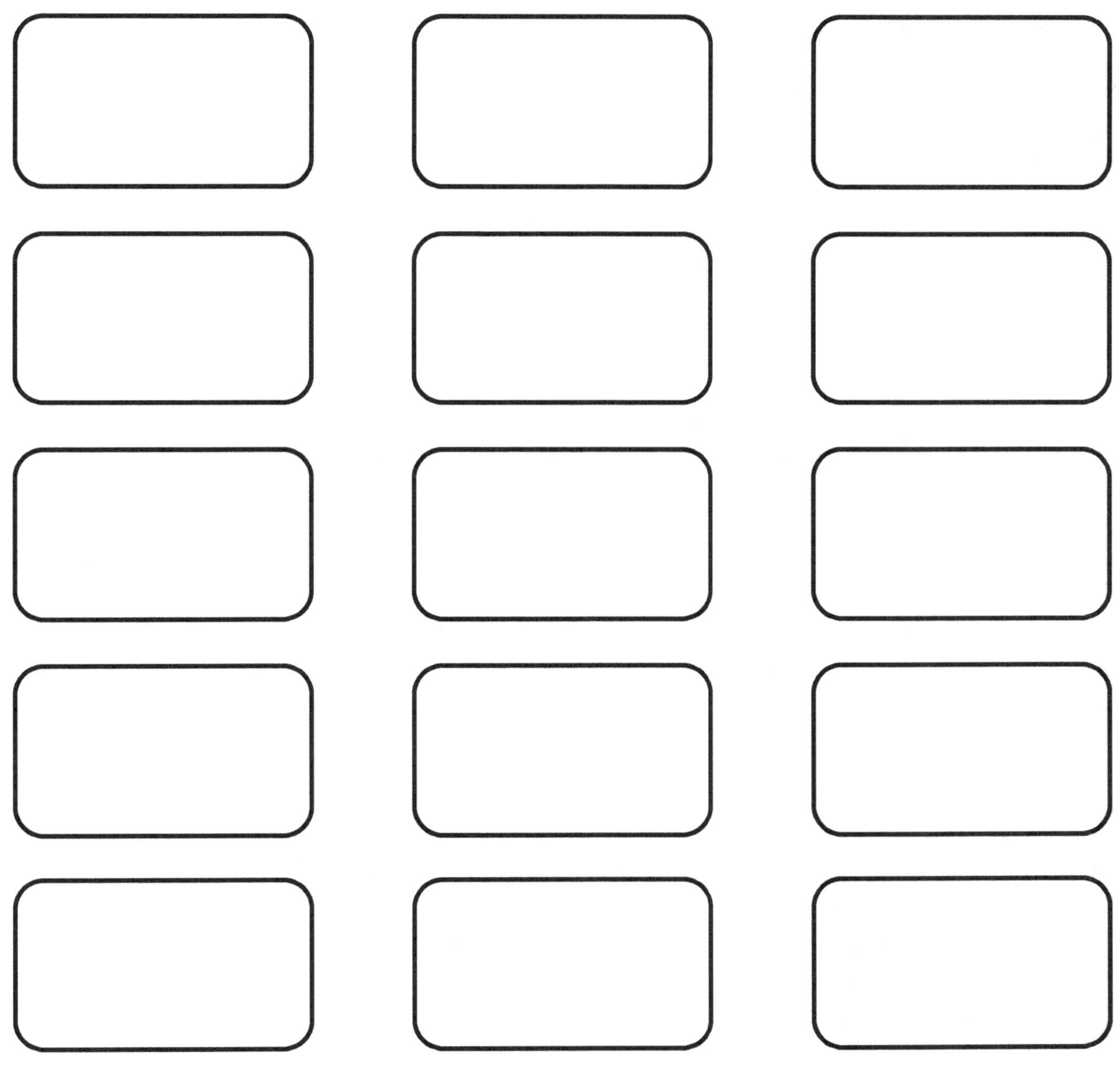

Color
Test Page